AF440429

LA SITUATION FINANCIÈRE

DE

L'ÉGYPTE

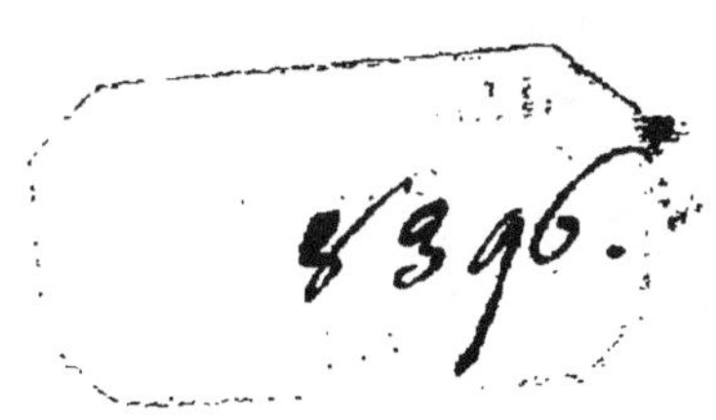

PARIS

AMYOT, ÉDITEUR, 8, RUE DE LA PAIX

—

1874

LA

SITUATION FINANCIÈRE
DE L'ÉGYPTE

Ce qui frappe avant toute chose, au début de tout examen de la position financière de l'Égypte, c'est l'accroissement rapide de sa dette pendant les dernières années. A la mort de Saïd-Pacha, en 1863, la dette extérieure de ce pays n'était que de *trois millions sterling*; à la fin de 1873, elle s'élève à près de *cinquante millions!*

Trois questions touchant cette augmentation de la dette demandent à être résolues :

1º Comment l'argent a-t-il été dépensé?

. 2º Quelle est la condition du pays depuis que ces dépenses ont été faites?

3º Les ressources du pays sont-elles suffisantes pour supporter le poids que lui impose l'augmentation de la dette?

Je m'efforcerai, dans les pages suivantes, de présenter les résultats d'une investigation personnelle touchant ces trois questions ; et je crois certainement que toute personne ayant des intérêts dans ce pays, soit en qualité de résident, comme je le suis moi-même, soit comme détenteur de valeurs égyptiennes, tirera un profit de l'examen auquel je vais me livrer.

Avant toute chose, il est nécessaire d'abord d'établir le montant de la dette dont nous avons à nous occuper. Cette dette se compose d'une dette consolidée, dont les intérêts et l'époque de l'amortissement sont fixés, et d'une dette flottante renouvelable aux conditions les plus avantageuses, dans des délais variant d'un à deux ans. On trouvera dans l'annexe A l'état détaillé de la dette consolidée de ce pays, à la date du 2 janvier 1874, et l'on y verra que le montant de la dette provenant de cette source est de £ 48,892,100.

D'après les meilleures sources d'information, confirmées par un calcul suivi pendant deux ans avec soin, des opérations se rapportant au renouvellement de la dette flottante actuelle, je fixe cette dette du Trésor à £ 9,000,000; je dois pourtant ajouter que, d'après mes chiffres basés sur mes notes originales, j'augmente le montant de cette dette de près d'un million. Je préfère me tromper du bon côté, ce qui me servira d'excuse auprès des personnes qui m'ont communiqué des chiffres qui m'autoriseraient à donner un total plus faible.

Nous avons donc ainsi un total général, dette consolidée et flottante, de près de *cinquante-huit millions sterling*.

Ceci établi, nous allons procéder à l'examen de la première question proposée : — « *Comment l'argent emprunté pendant les dix dernières années a-t-il été dépensé ?* »

La première et la plus considérable de ces dépenses est le canal de Suez. Beaucoup de gens seront surpris

d'apprendre que le canal de Suez a occasionné à l'E-
gypte une dépense de £ 17,423,178 ! Nous renvoyons
les incrédules à l'annexe C pour les détails intéres-
sants de ce compte. Il est juste de dire que le souverain
actuel de l'Égypte n'est responsable que dans une
très-petite proportion des charges extravagantes impo-
sées à ce pays par cette entreprise. Son prédécesseur,
Saïd-Pacha, fut séduit par la grandeur du projet de
M. de Lesseps et le soutint avec toute l'ardeur et la
libéralité sans bornes d'un prince oriental. Sans comp-
ter les actions qu'il souscrivit pour la valeur de trois
millions et demi de livres sterling, il accorda à la Compagnie la concession du travail forcé, lui donna des
terrains et autres priviléges qui, concédés ainsi légère-
ment, se sont trouvés plus tard menacer le pays de
très-sérieuses calamités. Saïd-Pacha mourut peu de
temps après que ces engagements furent pris, et cet
héritage malheureux est échu au vice-roi actuel. Afin
d'éviter les maux dont l'accomplissement de ces engagements le menaçait, le gouvernement égyptien fit un
compromis avec la Compagnie, et lui paya une somme
équivalente à l'annulation d'une partie des priviléges
qui lui avaient été accordés. Sans ce lourd tribut pré-
levé sur l'Égypte, on peut certainement affirmer que le
canal de Suez n'aurait pas pu être achevé. L'avantage
qu'en a retiré le monde entier, et surtout l'Angleterre,
a été immense ; mais le canal de Suez n'est d'aucun
profit pour l'Égypte ; bien plus, il lui porte préjudice,
parce que, outre les charges d'argent qu'il lui a impo-
sées, le canal détourne, quant à présent, les marchandises et le trafic des voyageurs des ports et des che-

mins de fer de l'Égypte, sans un centime de profit pour elle. Les avantages qu'en tirera l'Égypte ne sont qu'en perspective et fort éloignés, car ce n'est que dans vingt-six ans qu'elle recevra un dividende des actions qu'elle a souscrites, et dans environ quatre-vingt-dix seulement qu'elle deviendra seule propriétaire du canal.

Le second article important dans les dépenses des dix dernières années est celui des chemins de fer. Les nouvelles lignes construites pendant cette période forment une étendue de 1,297 milles anglais, qui ont coûté environ *douze millions sterling*. (Voir l'annexe D.)

Le succès et la nature rémunératrice de cette dépense sont clairement démontrés par le tableau des revenus de l'administration des chemins de fer, depuis septembre 1872 jusqu'au mois de septembre 1873. (Voir l'annexe E.) Cette extension des chemins de fer a été la source du progrès de l'agriculture du pays, et, sans elle, le commerce de l'Égypte n'aurait pas atteint les proportions actuelles. L'avenir de ces chemins de fer donne les plus belles espérances. On trouvera à l'annexe F un état des recettes nettes des chemins de fer pendant les dix dernières années; cet état montre un progrès régulier de chaque année, résultant en partie de l'augmentation du trafic et en partie de l'amélioration de l'administration. On peut prédire un progrès pareil pour l'avenir, surtout si le transport des marchandises en transit est facilité par l'achèvement des travaux du port d'Alexandrie.

La construction de ports a été une troisième source de dépenses. Les travaux du port de Suez sont entièrement achevés, et les bâtiments du plus fort tonnage peuvent maintenant, le long de quais spacieux, prendre ou déposer leur chargement ou se radouber dans des docks magnifiques. La dépense, jusqu'à ce jour, de ces travaux, a été de £ 1,210,889, auxquelles il faut ajouter les intérêts d'au moins deux années. Le revenu de ce port est encore faible, mais les avantages seront considérables lorsque le port d'Alexandrie sera pareillement mis en état.

Les travaux du port d'Alexandrie avancent rapidement et de la façon la plus satisfaisante dans les mains de MM. Greenfield et Cᵉ, entrepreneurs anglais. Jusqu'à ce jour il a été payé £ 1,200,000 d'à-compte sur le prix du contrat de l'entreprise, et une somme égale environ sera nécessaire pour l'achèvement des travaux. On espère que les revenus du port d'Alexandrie atteindront £ 200,000, ce qui donnera une rémunération satisfaisante du capital dépensé.

L'attention du souverain actuel a continuellement été portée sur l'amélioration et l'extension des moyens d'irrigation de tout le pays. Quelques centaines de milles de canaux ont été exécutés sans qu'il existe de documents sur le prix d'exécution, mais qui, dans le cours des dix dernières années, ont certainement absorbé quelques millions. Cette dépense a été très-productive; en effet, tout ce qui tend à l'accroissement des moyens et de l'économie de l'irrigation est de la première importance pour l'Égypte. Il reste une grande quantité de travaux à exécuter dans cette voie, lorsqu'on pourra se procurer les capitaux nécessaires à des conditions raisonnables.

On peut encore mettre au nombre des sources de dépenses un grand nombre de travaux d'utilité publique. Ainsi une dépense de trois millions et demi pour l'introduction du gaz et des eaux, pour le pavage, les égouts, et en général pour les embellissements du Caire, d'Alexandrie et de Suez; de plus, une dépense de £ 174,300 pour l'érection de phares sur les côtes de la mer Méditerranée et de la mer Rouge; de plus, un million et demi pour l'achat d'une flottille de steamers marchands pour faire le service entre la Turquie et l'Égypte; l'expédition de sir Samuel Baker a coûté £ 467,000; il faut encore mettre en ligne de compte les ponts, les routes, les télégraphes, etc., etc.

Les différents chapitres de dépenses consacrées aux travaux publics qui ont été détaillés représentent un déboursé de quarante millions de livres sterling, somme, il faut bien se le rappeler, qui dépasse de près de quatre millions sterling les produits nets des différents emprunts contractés en Europe (Voir l'annexe B). Il a été malheureusement démontré qu'une partie considérable de ces dépenses est sans profit actuel pour l'Égypte, mais les entreprises auxquelles cet argent a été consacré sont toutes d'une grande valeur et d'une utilité générale. D'un autre côté, il faut bien admettre que l'expérience du passé ne sera pas sans profit, si à l'avenir, quelques grands projets plus pratiques sont entrepris. C'est seulement avec ses économies qu'un pays peut exécuter des entreprises louables, mais non rémunératrices, et toute dépense publique occasionnant un accroissement de la dette ne devrait être faite qu'après qu'un examen pratique aurait prouvé qu'elle est compensée par les avantages qui en résulteront.

Nous allons maintenant entamer la seconde question qui se présente à notre examen, à savoir : « *quelle est* « *la condition du pays depuis ces grandes dépenses faites* « *à l'aide des emprunts ?* » *en d'autres termes, quelle différence trouvons-nous dans la prospérité matérielle du pays en 1874, comparée à celle de 1863 ?*

Le journal l'*Economist*, dans son numéro du 2 août 1873, a publié un état des exportations et des importations de l'Égypte des vingt années finissant en 1871 ; j'accepte ce document comme une autorité et je le donne dans l'annexe G. Mais je dois avouer que j'ai lu avec surprise les remarques suivantes du rédacteur de ce journal : « Nous ne pensons pas, dit-il, que, tout considéré, elles (les importations et les exportations) fournissent la preuve d'un progrès actuel. Dans les dix années, de 1862 à 1871, les exportations ont dépassé de quatre fois et les importations de deux fois l'importance qu'elles avaient eue dans les dix années précédentes ; mais elles ne paraissent pas avoir progressé depuis les années 1863-64. Dans l'année 1863-64, ces exportations se sont élevées au chiffre £ 14,000,000, et les importations ont atteint le chiffre de £ 7,000,000; mais la moyenne de dix ans est approximativement de £ 12,000,000 et de £ 5,000,000. Le maximum provenant, pendant ces années, de l'apparition de la disette du coton, n'a plus été atteint. »

Ces conclusions sont tellement erronées qu'elles me semblent être la suite d'une inadvertance. Les tableaux mêmes que l'écrivain prend pour point de départ fournissent la preuve de l'erreur, puisqu'ils montrent que, tandis que les exportations de 1863 se montaient à £ 14,395,000, celles de 1871 atteignaient £ 15,084,000. Ainsi, non-seulement le chiffre des exportations de 1871 a atteint celui des exportations de l'année 1863, mais il l'a dépassé de trois quarts de million. Et qu'on remarque ce que ce fait prouve. Le coton, comme on le sait, est l'article le plus considérable de l'exportation pour l'Égypte. La valeur de cet article important, qui représente les deux tiers de toutes les marchandises exportées, était en 1863-64 de 26d. par livre, tandis qu'en 1871 il ne valait environ que 10d. la livre. Si donc la valeur de toutes les exportations de 1871 a atteint et dépassé celle des exportations de 1863, malgré une si grande différence dans les prix de la marchandise principale, il y a là la preuve d'un grand accroissement dans la production.

Mais la preuve la plus certaine du progrès de l'agriculture se trouve dans les statistiques des quantités exportées, que nous sommes à même de donner d'après les relevés fournis par l'administration des douanes.

Les exportations du coton ont été :

En 1866............	cantars	1,785,000
1870............	—	1,845,000
1872............	—	2,168,181
1873............	—	2,187,035

Les exportations des céréales ont été :

En 1866............	ardebs	295,942
1870............	—	1,414,300
1872............	—	1,580,256
1873............	—	1,525,314

Les exportations de graine de coton ont été :

En 1866	ardebs	750,877
1870	—	1,264,507
1872	—	1,334,223
1873	—	1,282,469

Les exportations du sucre ont été :

En 1866	cantars	450
1870	—	356,468
1872	—	456,351
1873	—	738,002

Ces chiffres n'ont pas besoin de commentaires, et représentent un progrès non inférieur au mouvement général actuel. Le rédacteur de l'*Economist* jette des doutes sur les chiffres qu'il publie, « parce que, dit-il, l'Égypte a un grand commerce de transit qui a beaucoup augmenté pendant les dernières années, » mais les tableaux que j'ai reproduits ne mentionnent justement que les produits du sol de l'Égypte.

Une autre preuve du progrès matériel d'un pays, et une des plus importantes pour l'observateur, c'est la capacité contribuable. En comparant les revenus du gouvernement pendant les années 1861-62 (Voir l'annexe H.) avec ceux de 1873-74 (Voir l'annexe I.), on verra qu'ils se sont élevés d'environ £ 5,000,000 à près de £ 10,000,000. Les taxes sont certainement plus élevées maintenant qu'elles ne l'étaient au temps de Saïd-Pacha, mais malgré cela, il est indéniable que les cultivateurs du sol sont aujourd'hui dans un état plus prospère et qu'ils vivent dans une meilleure condition. Un propriétaire indigène ne cultivant que ses terres, venant à être interrogé sur l'élévation des taxes, affirmait qu'il payait actuellement environ £ 1,000 de taxes au lieu de £ 400 au temps de Saïd-Pacha ; mais pressé de plus près, il a admis que les bénéfices de sa propriété avaient augmenté dans la même proportion. Un brin de paille peut indiquer la direction du vent, et il est de fait que mon ami, en 1874, conduit un équipage attelé de deux chevaux, tandis qu'au temps de Saïd-Pacha il chevauchait patriarcalement sur sa mule. Le fait que le gouvernement a pu doubler le chiffre de ses revenus sans nuire à la prospérité matérielle est de la plus grande importance, puisqu'il prouve la force du pays à supporter le taux actuel des impôts.

Nous arrivons maintenant à la troisième question :

Le pays est-il capable de supporter les charges que lui impose l'augmentation de la dette?

Pour examiner cette question, il faut d'abord établir les revenus actuels et les ressources du Trésor, et comparer leur importance avec les dépenses nécessaires. Dans ce but j'ai donné, dans l'annexe I, l'abrégé du budget publié par le ministre des finances pour l'année commençant le 10 septembre 1873 et finissant le 9 septembre 1874. L'*Economist* et la *Pall Mall Gazette* ont fait, l'année dernière, de très-sévères observations sur les différences trouvées en comparant ce budget avec un autre pour la même période, publié environ six mois auparavant et dressé par le ministère de l'intérieur, pour un ouvrage de statistique dont la publication est encouragée par le gouvernement. Il est facile d'expliquer ces différences. Le premier budget publié avait été dressé sur la base des revenus de 1871-72, et il devait en être ainsi, puisqu'en mars 1873, au moment où il était dressé, il n'y avait encore que six mois que l'année financière 1872-73 avait commencé. Mais le second budget a été préparé après la clôture de l'année financière 1872-73, et le ministre des finances était dans le vrai en rectifiant les calculs prévus pour 1873-74 au moyen des recettes de l'année qui venait de s'écouler. Les augmentations trouvées dans les recettes prévues provenant des chemins de fer et de différentes autres sources de revenus, sont parfaitement expliquées, mais il subsiste un chapitre important de différence au sujet du revenu appelé le *Moukabala*, qui demande à être expliqué. Ce revenu s'élevant à £ 1,600,000, ne figure point du tout dans le premier budget, mais, d'un autre côté, l'intérêt de la dette flottante — somme de beaucoup supérieure — ne paraît pas au chapitre des dépenses. Le *Moukabala* est un impôt qui a été introduit dans le pays en 1870 pour assurer le payement de la dette flottante du pays, sans avoir recours aux capitalistes européens. Dans ce but, on avait formé une administration séparée dont les revenus seraient appliqués à l'extinction successive de la dette flottante. Ce plan s'est trouvé être une utopie. Pour le réaliser, le gouvernement aurait été contraint de prendre à l'agriculture du pays une partie du capital nécessaire à ses opérations; et en supposant que cela eût pu avoir lieu, l'impraticabilité de la mesure était évidente, d'autant plus que le capital entre les mains des cultivateurs du sol donnait de plus grands bénéfices que ceux qu'il aurait produits en l'employant à l'extinction de la dette flottante. En un mot, il valait beaucoup mieux emprunter à l'Europe qu'à l'Égypte. Cela étant, il fut résolu de consolider la dette flottante du pays en contractant un emprunt en Europe de trente-deux millions nominaux. MM. Oppenheim furent les contracteurs du nouvel emprunt, et ce fut à la suite des propositions que firent ces banquiers que le second budget fut élaboré. Si donc le premier budget préparé ne mentionne pas les revenus du *Moukabala*, c'est que ces revenus étaient réservés pour l'extinction successive de la dette flottante ; mais ce projet étant abandonné, il n'y eut plus lieu d'avoir une administration séparée, appelée le *Moukabala* ; et, en conséquence, ses revenus furent portés au second budget, au chapitre des recettes, et les intérêts payables sur l'emprunt européen projeté ajoutés aux dépenses générales du pays. Il est très-regrettable que cette simple explication, touchant des différences, en apparence si surprenantes, n'ait pas été signalée à la fin des deux derniers budgets.

Dans le budget de 1873-74 on peut voir que les revenus du pays sont évalués à £ 9,949,114. Beaucoup de gens se sont efforcés de jeter du discrédit sur cette évaluation, mais les différentes sources du revenu sont détaillées tout au long dans le document original, ce n'est pas par de vagues données que ces évaluations peuvent être attaquées. Nous allons brièvement nous reporter aux principales sources *du revenu*.

1° L'impôt foncier figure pour £ 4,154,182 levé sur 4,711,816 feddans (1) de terre cultivée. Le taux de l'impôt par feddan est bien connu, et comme la quan-

____

(1) Le feddan est à peu près un acre.

tité par feddan de terre cultivée a été établie d'après d'autres sources, il est facile de prouver ce chapitre de revenus. Il n'existe aucun doute dans *le pays sur l'exactitude* de cette source de revenus.

Un chiffre de £ 1,600,000 est porté sur les recettes du Mokabala; mais ceci a besoin d'être expliqué. Ce revenu résulte d'un arrangement d'après lequel les propriétaires fonciers ont consenti à payer au gouvernement six années à l'avance du montant de leurs contributions foncières. Cet engagement représente £ 27,825,000, mais £8,440,000 seulement de ce capital ont été payées suivant les conditions du premier contrat, et le solde, soit £ 19,385,000, a été converti en une échéance annuelle de £ 1,600,000. Le sol sert de garantie pour le payement de cette contribution, et chaque année qui s'écoule est payée, augmente la certitude des payements ultérieurs, attendu que le défaut de payement amènerait la déchéance des sommes versées antérieurement et de la réduction des taxes promises. En considération du payement du Moukabala, le gouvernement a en effet consenti, en 1872, à une réduction annuelle sur les contributions foncières de £ 135,361 pendant douze années, dont le résultat est qu'à l'expiration de ces douze années, les contributions foncières à lever sur le pays diminueront de plus de moitié de ce qu'elles étaient avant la conclusion de l'arrangement du Moukabala. Ainsi, la contribution foncière subit une réduction annuelle jusqu'à ce qu'elle ait atteint 5 0/0 de son montant en 1872; toutefois, aucune diminution ne pourra avoir lieu dans le montant de £ 1,600,000 payables pendant douze années par les propriétaires, sous le nom de Moukabala; bien plus, une circonstance donne la certitude qu'au lieu de diminuer les revenus du Moukabala n'iront qu'en augmentant. Le gouvernement a accordé aux propriétaires le privilége de prendre possession de tout terrain non cultivé dans le pays, à la condition de signer un engagement de payer les charges du Moukabala sur ces terrains pendant huit ans. Déjà ce privilége a été mis à profit sur une grande échelle, et à mesure qu'on en profitera les revenus du Moukabala iront en augmentant.

3o D'autres revenus, tels que ceux des chemins de fer, des douanes, du sel, du tabac et des postes n'ont pas besoin d'explication. Seulement, pour le tabac, cette taxe étant nouvelle, on pourrait avoir des doutes, mais l'évaluation d'un demi-million pour cette source de revenus ne peut paraître exagérée. Les revenus divers figurent dans le budget pour £ 2,300.000, qui, ajoutés à la contribution foncière et au Moukabala, font un total de *huit millions de livres sterling*. Il reste donc des revenus non classés, mais il est de peu d'importance que deux millions sterling soient demandés aux contributions personnelles et industrielles, les dîmes sur les dattes et à d'autres sources de revenus non définis.

Quant aux *dépenses détaillées au budget*, on peut les diviser en deux catégories : 1o *Charges de la dette et des dotations; 2o frais de l'administration générale.*

1o En consultant l'annexe A, on peut voir que les intérêts à payer pour la dette consolidée, de janvier 1874 à janvier 1875, montent à............. £ 3,405.274

Et le fond d'amortissement à........ 996,872

TOTAL............ £ 4,402,146

Si nous supposons la dette flottante de 9 millions et coûtant un intérêt de 15 0/0, cela fera £ 1,350,000, qui, ajoutés aux intérêts et au fond d'amortissement de la dette étrangère, comme on l'a vu, donneront un total de £ 5,752,146. Mais il ne faut pas perdre de vue que dans ce montant se trouve compris le remboursement d'une partie du capital de la dette étrangère s'élevant annuellement à près d'un million sterling provenant de l'opération de l'amortissement.

Le tribut payable à Constantinople monte à £684,877. Donc le total des dépenses comprises dans la première catégorie s'élève à £ 6,437,023.

2° Les dépenses comprises dans la seconde catégorie et afférentes à l'administration générale du pays montent à £ 2,594,539. (Voir l'annexe I.) Un esprit impartial trouvera largement suffisantes les sommes portées au budget pour les dépenses nécessaires aux différentes administrations. Les deux catégories représentent une dépense de £ 9,031,562 contre un revenu de £ 1,949,194.

L'excédant nous paraît largement suffisant pour les dépenses consacrées aux travaux publics, ou pour des moins-values dans le rendement des revenus ou pour les excédants dans les chapitres des dépenses.

Ce sont les considérations les plus encourageantes pour la situation financière future.

1° Une augmentation de revenus est raisonnablement possible, provenant des sources suivantes :

A. Dans les traités, les droits sur les marchandises exportées sont fixés au taux extrêmement bas de 1 0/0; mais l'année prochaine, à l'expiration du traité,

une taxe plus élevée pourra être raisonnablement ré-
clamée de l'Europe. Une augmentation de 3 0/0 pro-
duirait une somme de................... £ 400.000

B. L'augmentation constamment crois-
sante des recettes des chemins de fer,
due au développement et à une meilleure administration, peut être évaluée
à une somme annuelle de............. £ 100.000

C. De nouvelles sources de revenus,
telles que l'impôt sur les maisons, les
droits de timbre, peuvent être créées si
cela devient nécessaire, et produire..... £ 100.000

2° D'un autre côté, une diminution
dans les charges de la dette est certaine
et facile à réaliser.

A. On peut voir d'après l'annexe A
que l'emprunt de 1864 sera amorti en
1879, et par là, la charge sur le revenu
sera diminuée de.................... £ 619.612

B. Les frais de la dette flottante, que
je porte à 15 0/0 d'intérêt, peuvent être
facilement réduits à 10 0/0, et produire
ainsi une économie de............... £ 450.000

J'ai montré dans les remarques qui précèdent:
« comment l'argent emprunté par l'Égypte à l'Europe
a été dépensé pendant les dix dernières années; » de
plus j'ai démontré l'indéniable progrès introduit dans
la prospérité matérielle du pays pendant la même période, progrès qui va en augmentant tous les ans. En-
fin nous avons vu que les ressources financières du pays

sont suffisantes pour subvenir à ses engagements, et de plus, que ces ressources peuvent encore augmenter. Il y a lieu de s'étonner qu'avec une pareille situation le crédit de l'Égypte en Europe ait été si ébranlé dans ces derniers temps. De graves erreurs commises par rapport au dernier emprunt ont produit ce malheureux résultat ; la racine du mal est bien plus profonde encore. Je veux signaler deux causes de cette défiance :

1° On est convaincu en Europe, non sans raison, que le gouvernement égyptien a, pendant les dernières années, trop prodigué ses ressources et trop tendu son crédit. Le seul remède à ce mal est la diminution dans les dépenses ; et il est satisfaisant de dire que, depuis quelque temps, on remarque un esprit d'économie dans les différentes administrations. Les projets dans le genre de celui du chemin de fer du Soudan et d'autres de la même nature ont été judicieusement suspendus. Son Altesse le Khédive ainsi que ses ministres ont donné continuellement l'assurance personnelle qu'une ère nouvelle d'économie était commencée ;

2° L'Europe manque de confiance dans l'exactitude des comptes publiés par le gouvernement et dans le système d'après lequel ces comptes sont tenus. Les contradictions apparentes dans les budgets publiés, contradictions sur lesquelles j'ai eu occasion de fournir des explications, et le fait que seulement les évaluations ou prévisions des dépenses et des revenus, au lieu de comptes définitifs, sont soumis à l'appréciation du public, ont fourni de légitimes raisons à ce manque de confiance.

Il n'est pas étonnant qu'une administration orientale

préfère le système oriental dans l'établissement de ses comptes ; mais quoique ce système soit simple et clair pour ceux qui s'en servent, il est entièrement incapable d'inspirer de la confiance à d'autres, ou de fournir les garanties nécessaires contre les abus. Un haut fonctionnaire égyptien me disait un jour : « Quel droit l'*Economist* a-t-il d'insister pour que nous donnions des comptes détaillés de nos dépenses ? » La réponse était facile : « — Vous faites appel au capital européen et ne devez, par conséquent, pas être étonnés si l'Europe désire connaître votre position avant de vous prêter. » Je suis convaincu que le ministre des finances a toujours manifesté le plus grand empressement à donner des informations supplémentaires sur la situation financière du pays. Les comptes ont toujours été mis sans réserve à la disposition du consul anglais au Caire et d'autres personnes que je pourrais nommer ; mais le système défectueux de la tenue de livres enlève à cet acte de franchise la plupart de ses avantages. Beaucoup de personnes prétendent qu'il serait extrêmement difficile d'introduire quelques changements dans le système de la tenue des livres en usage. J'avoue ne pas partager leur opinion. Il me semble qu'on pourrait demander cela à une Administration de Contrôle qui recevrait les notes des dépenses quotidiennes ainsi que les recettes de chaque administration avec les pièces justificatives à l'appui et réunies en un système de tenue de livres en partie double dont la vérité serait facilement prouvée par la balance générale et qui pourrait être consultée avec facilité. Il ne serait pas nécessaire pour cela de faire des changements dans les comptes des gouver-

neurs de province, ni dans ceux des différentes administrations. — Le bureau Général de Contrôle rassem-
blerait simplement tous les fils pour en former un
ensemble harmonieux. En établissant un bureau de
contrôle et en en faisant le centre de la publicité à
donner à l'état des finances, on inspirerait à l'Europe
un degré de confiance qu'on ne saurait atteindre
autrement et l'on imposerait silence aux critiques mal-
veillantes dont toute la valeur réside dans l'impossi-
bilité de les réfuter par des preuves officielles.

Deux choses sont nécessaires pour donner à l'Égypte,
en Europe, le crédit auquel elle a le droit de prétendre;
Ce sont l'ÉCONOMIE et l'ORDRE. *Avec elles* il ne faudrait
pas une grande habileté financière pour relever, en
très-peu de temps, le 7 0/0 égyptien au pair, assurer à
l'Égypte, à un taux modéré, un concours de capitaux
européens, sans autre limite que son pouvoir de leur
fournir une rémunération satisfaisante. Ce résultat obtenu, l'Égypte progresserait avec une mer-
veilleuse rapidité. L'agriculture, maintenant entra-
vée par des taux d'intérêt usuraires, se développerait
avec rapidité; la valeur du sol augmenterait propor-
tionnellement; les entreprises industrielles, *maintenant*
impraticables, deviendraient *alors* rémunératrices et
faciles. — Les impôts, au lieu d'augmenter, iraient en
diminuant chaque année, — et ce qu'il y a de plus dési-
rable, la prospérité matérielle amènerait le progrès
intellectuel et la culture morale.

Ce n'est pas là un rêve fantastique, mais le tableau
de ce qui peut facilement devenir une simple
réalité. Pour cette heureuse transformation il ne faut

que de la bonne volonté de la part de son Altesse le Khédive, et qu'il soit aidé par des instruments capables. Quiconque a approché le souverain si intelligent de l'Egypte a dû être frappé de son ardent désir de faire progresser matériellement le pays qu'il gouverne : comme je suis l'un de ceux qui ont éprouvé cette impression, je me livre à l'espérance qu'un souverain dominé par une si louable ambition puisse être porté à se faire le bienfaiteur de son pays dans le sens le plus vrai du mot et assurer à l'Égypte ces avantages financiers qui, si elle les obtient, la rendront le pays le plus favorisé de la terre.

Quelques mots en terminant, sur la situation des fonds égyptiens. Il est de notoriété qu'il n'existe plus qu'une faible partie de l'emprunt de 1873 entre les mains du syndicat et que la plus grande partie des participants de ce syndicat désire garder à titre de placement sa part du solde non vendu. Il est certain que l'Égypte ne peut pas, pendant plusieurs années encore, se présenter sur le marché européen pour y emprunter, et les conséquences forcées de cette situation sont que les capitaux de placement ne trouveront bientôt plus sur le marché des fonds Égyptiens que de seconde main.

Ce résultat se fait déjà apercevoir dans la hausse du prix qui se produit d'une liquidation à l'autre; ainsi que cela a eu lieu en 1872 avec les fonds de 1868, alors que les demandes ont fait monter le prix à £ 90.

La situation des titres de la dette flottante est très-bonne. Leur chiffre actuel n'est pas trop élevé pour que les ressources locales ne puissent l'absorber; et si la dette flottante est annuellement réduite de

deux millions, comme le ministre des finances l'a pro-
mis, l'offre diminuera en même temps que la demande
augmentera.

J'ai poursuivi un double but en écrivant les remarques qui précèdent. Premièrement, de jeter quelque
lumière sur l'aurore financière qui commence à se lever
sur l'Égypte, et à l'approche de laquelle heureusement
elles fourniront d'utiles indications; et secondement,
de fournir aux détenteurs de fonds égyptiens les indications capables de les mettre à même de se rendre
compte de la valeur de ces fonds. La question impor-
tante pour les porteurs est de savoir si le ducroire
de 7 % qu'on obtient au prix actuel de l'emprunt
1873 n'est pas plus que suffisant pour couvrir tous les
risques possibles.

R. H. L.

Londres, 21 août 1874.

APPENDICE A

Dette consolidée de l'Égypte, au 2 janvier 1874.

	RESTE DU	INTÉRÉT A PAYER EN 1874	FONDS d'amortis-sement.	TERME de l'amortis-sement.
	£	£	£	
Emprunt de 1862....	2.715.000	188.737	75.000	En 1892
— 1864....	2.997.100	202.612	417.000	1879
— 1868....	11.180.000	779.625	173.500	1898
— 1873....	32.000.000	2.234.300	331.372	1902
	48.892.100	3.405.274	996.872	

APPENDICE B

Produits nets des Emprunts étrangers.

Emprunt 1862		£ 2.400.000
— 1864		5.000.000
— 1868		8.000.000
— 1873	Environ	21.000.000
		£ 36.400.000

APPENDICE C

Canal de Suez (payé par l'Égypte).

Actions de la Compagnie souscrites par S. A. Saïd-Pacha	£ 3.544.120
Décision arbitrale rendue par l'Empereur Napoléon, pour rachat du travail forcé	2.960.000
Payé à la Compagnie pour terrains et bâtiments près du Caire, Cheflick-el-Wady	400.000
A reporter	£ 6.904.120

Report......	£ 6.904.120
Payé à la Compagnie du canal pour annuler la concession des terrains des deux côtés du canal, suivant contrat du 23 avril 1869..............	1.200.000
Payé à la Compagnie du canal pour travaux exécutés au canal d'eau douce et rachat des réclamations de la Compagnie sur ce canal...........	400.000
Frais des travaux exécutés par le Gouvernement pour creuser le canal d'eau douce.............	428.927
Payé aux entrepreneurs français pour l'achèvement par contrat du canal d'eau douce..............	815.833
Frais de diverses missions en Europe et à Constantinople à l'occasion du canal et frais d'inauguration..	1.011.193
	£ 10.760.073
Intérêts sur lesdites sommes au mois de Septembre 1873.....................................	6.663.105
	£ 17.423.178

APPENDICE D.

Dépensé pour les Chemins de fer de 1862 à 1873.

Prix de 175 locomotives.......................	£ 635.228
— 3,411 wagons...........................	790.480
— Rails, traverses, etc., pour la voie........	3.350.796
	£ 4.776.504
Frais de remblais et terrassements,..............	1.788.850
Achats de terrains..............................	636.607
Frais des lignes télégraphiques, y compris celle du Soudan.....................................	225.259
Travaux divers, matériaux achetés en Égypte, ateliers, hangars, etc.............................	2.472.194
	£ 9.899.414
Les intérêts sur ces sommes avancées avant qu'elles ne soient devenues productives, peuvent être évaluées au plus bas...........................	2.000.000
	£ 11.899.414

APPENDICE E.

Comptes de l'Administration des Chemins de fer
de Septembre 1872 à Septembre 1873.

RECETTES.

Port du coton des diverses stations de l'intérieur à Alexandrie, suivant les comptes publiés — 1,782,071 Cantars (environ 80,000 tonnes)	£ 189.901
Port des céréales, grains, etc., des diverses stations dans l'intérieur. Ardebs, 1,239,038	94.861
Frais pour bagages, locations de wagons, trains express et bestiaux	290.997
Transport de marchandises fabriquées entre les diverses stations	172.833

Recettes des voyageurs :

1re classe	46.117	
2e —	179.601	produit.. 443.828
3e —	1.846.207	

Port de marchandises reçues de l'étranger et expédiées à l'intérieur	118.935
Recettes aux stations télégraphiques	9.546
Divers pour surcharges de bagages, voyageurs, etc.	33.023
Recettes pour péages des ponts	39.765
Recettes pour billets de transit émis par les diverses Compagnies européennes et transit de chargements	66.157
Recettes des télégraphes en dehors des bureaux télégraphiques	8.754
Payé par l'Administration des postes britanniques	11.992
Revenus sur divers terrains et divers	34.604
Total des recettes	**£ 1.515.196**

DÉPENSES.

Appointements des employés		£ 214.365
71,117 tonnes de charbon de terre....................	£ 184.659	
481 tonnes coke...............	1.310	
		185.96
6,580 Okes de graisse russe..	492	
139,623 Okes de graisse anglaise...................	7.002	
106,307 Okes d'huile, de chiffons de rebut, goudron, etc.	5.992	
	1.076	
		14.562
Frais divers, réparation de la voie, télégraphes, gares ; ponts et frais de bureaux..:		107.722
Réparation du matériel roulant..................		92.135
Total des dépenses.......		£ 614.753
Résumé : Recettes...............		£ 1.515.196
Dépenses...........		614.753
Excédant des recettes....		£ 900.443

APPENDICE F.

Revenu net des Chemins de fer Égyptiens pendant les dix dernières années.

Année copte,	1580 (1863-4)....................	£ 241.658
—	1581 (1864-5)...................	282.853
—	1582 (1865-6)...................	335.576
—	1583 (1866-7)......	263.122
—	1584 (1867-8).............	358.422
—	1585 (1868-9)...................	358.801
—	1586 (1869-70)..................	361.312
—	1587 (1870-1)...................	561.375
—	1588 (1871-2)...................	630.985
—	1589 (1872-3)...................	900.443

APPENDICE G.

(Extrait de l'*Economist* du 2 août 1873.)

Exportations et importations de l'Égypte comparées
pendant les vingt dernières années.

	Exportations.	Importations.	Excédant des Exportations.	Excédant des Importations.
	£	£	£	£
1852......	1.963.000	2.143.000	...	180.000
1853......	1.915.000	2.192.000	...	277.000
1854......	2.817.000	2.200.000	617.000	...
1855......	3.383.000	2.078.000	1.305.000	...
1856......	2.637.000	2.474.000	163.000	...
1857......	2.127.000	2.214.000	...	87.000
1858......	2.205.000	2.025.000	180.000	...
1859......	2.171.000	2.121.000	50.000	...
1860......	2.984.000	2.154.000	830.000	...
1861......	5.184.000	2 154.000	3.030.000	...
			6.175.000	544.000
Moins l'excédant des importations			544.000	...
Total de 1852 à 1861.....	27.386.000	21.755.000	5.631.000	...
	£	£	£	£
1862......	8.868.000	3.707.000	5.161.000	...
1863......	14.395.000	6.094.000	8.301.000	...
1864......	13.501.000	6.972.000	6.529.000	...
1865......	10.785.000	5.356.000	5.429.000	...
1866......	10.278.000	5.058 000	5.220.000	...
1867......	10.854.000	4.129.000	6.725.000	...
1868......	16.637.000	5.011.000	11.626.000	...
1869......	10.530.000	5.255.000	5.275.000	...
1870......	12.309.000	5.389.000	6.920.000	...
1871......	15.084.000	5.711.000	9.373.000	...
Total de 1862 à 1871....	123.241.000	52.682.000	70.559.000	...
TOTAL.	150.627.000	74.437.000	76.190.000	...

APPENDICE H.

Budget de la dernière année du règne de Saïd-Pacha.

RECETTES.

Impôts et dîmes sur terrains.....................	£ 2.890.612
Dîmes sur dattiers	55.637
Impôts sur l'industrie, etc.......................	93.034
Revenus des douanes	1.251.523
Recettes des chemins de fer.....................	241.654
Divers...	396.613
	£ 4.929.173

DÉPENSES.

Tribut à Constantinople...............	£	410.000
Liste civile........................		410.000
Dépenses générales d'administration		2.116.926
Réparations des canaux et ponts....		82.430
Dépenses diverses................		211.757
Intérêt de la dette................		263.501
Nouvelles constructions de chemins de fer, matériel roulant et autres travaux publics		935.932
		4.430.546
Excédant............		£ 498.627

APPENDICE I.

Budget égyptien pour l'année copte 1590.

(Du 10 septembre 1873 au 10 septembre 1874).

Impôt foncier sur 4,711,816 feddans	£ 4.289.543	
Moins la diminution annuelle pendant 12 ans pour le Moukabala...	135.361	
	£ 4.154.182	
Impôt sur 4.477.061 palmiers......	186.587	
Remboursement par les villages des sommes prêtées par le Gouvernement...........................	164.137	
Impôts divers....................	278.625	
Patentes.......................	293.667	
Produit des écluses du canal Mahmoudieh........................	57.435	
Produit des écluses au Barrage et à Kasr-el-Nil	76.490	
Revenus perçus pour octrois par les Governorats, etc..................	401.497	
Produit du fermage Matariah (poisson salé).........................	63.812	
Revenu net de la Poste et du bureau de remorquage..................	51.531	
Revenu net du Soudan............	102.500	
Fermage du poisson et des barques.	58.507	
Divers.........................	71.955	
		5.960.923
Revenu net de la douane..........	599.624	
Revenu du tabac (impôt nouveau)...	512.500	
Revenu des chemins de fer.........	900.431	
Revenu des salines...............	252.032	
		2.264.587
Revenu du Moukabala pendant 12 ans	1.615.118	
Terrains incultes cédés pendant 8 ans	103.486	
		1.723.604
Total des recettes............		9.949.114

DÉPENSES.

Intérêts et Amortissements sur la Dette.

Sur l'Emprunt de 1862.............	£ 264.890
— 1864.............	619.924
— 1868.............	957.461
Sur la moitié ferme de l'Emprunt de 1873.......................	642.618
Dernier payement sur l'Emprunt des chemins de fer................	517.174
Intérêt jusqu'à la rentrée de l'option de la dernière moitié de l'Emprunt	1.249.218
	£ 4.251.285
Tribut à Constantinople..........	684.877

Frais généraux d'administration.

Liste civile de S. A. le Khédive.....	£ 307.500	
Liste civile de S. A. le Prince Héréditaire........................	30.750	
Allocation des veuves de Mahomed-Pacha, Abbas-Pacha, Saïd-Pacha et Elhamy-Pacha................	121.513	
Annuité à Halim-Pacha...........	59.962	
Appointements et allocations à Constantinople.....................	55.447	
Maison de S. A. le Khédive et divers ministères.....................	78.786	
Membres et employés du Conseil privé...........................	31.170	
Cour des comptes et commission du Moukabala....................	11.909	
Exposition de Vienne.............	22.273	
Conseil d'État...................	10.501	
Tribunaux et Assemblée des délégués...........................	8.404	
A reporter............	£ 738.215	£ 4.936.162

Report..............	£ 738.215	£ 4.936.162
Cavalerie irrégulière....	27.675	
Journaux officiels...............	9.170	
Musée Égyptien.................	5.289	
Divers.........................	41.125	
Administrations provinciales.......	256.861	
Le Caire: Administration, Police, Hôpitaux, etc..................	262.482	
Alexandrie : Administration.......	120.325	
Ingénieurs et employés des travaux publics.......................	21.048	
Ministère de l'Instruction Publique.	53.115	
— de la Guerre...........	723.650	
— de la Marine...........	90.850	
Pensions et institutions charitables.	244.734	
		2.594.539

Travaux Publics.

Matériel commandé, travaux et achats de terrains pour le chemin de fer de Ta-el-Baroud et le télégraphe du Soudan...............	528.956	
Travaux en construction...........	512.500	
		1.041.456
Fonds de réserve.................		256.250
Total des dépenses...............		8.828.407

Balance du Budget.

Recettes...........................	£ 9.949.114
Dépenses...........................	8.828.407
Excédant......................	1.120.707

FIN

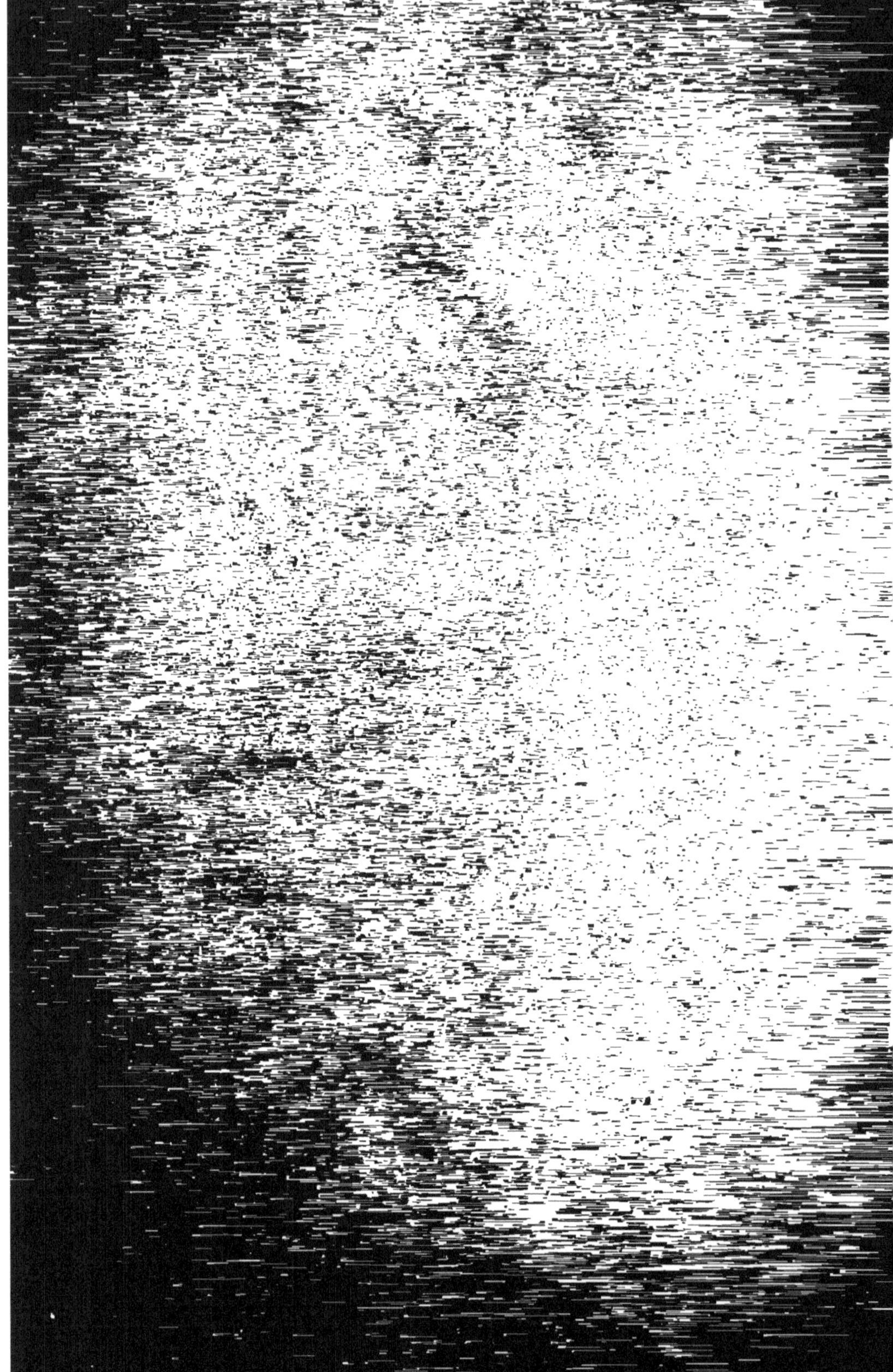

www.ingramcontent.com/pod-product-compliance
Lightning Source LLC
Chambersburg PA
CBHW061443050726

47593CB00004B/1438